VENTE APRÈS DÉCÈS

Les Lundi 26, Mardi 27 et Mercredi 28 Décembre 1892

HOTEL DROUOT, SALLE N° 1

à 2 heures 1/4

OBJETS D'ART

ET DE

CURIOSITÉ

BRONZES IMPORTANTS

ŒUVRES DES

MAITRES DU SIÈCLE

Éditions de Barbedienne, Susse, Graux-Marly

TABLEAUX MODERNES

ARMES

ESTAMPES, GRAVURES, LIVRES

Me MAURICE DELESTRE, commissaire-priseur,

27, rue Drouot.

EXPERTS :

Pour les livres	*Pour les estampes*	*Pour les objets d'art*
M. A. DUREL	M. L. DUMONT	M. A. BLOCHE
21, rue de l'Ancienne-Comédie	27, rue Laffitte	25, rue de Châteaudun

EXPOSITION PUBLIQUE

Le Dimanche 25 Décembre 1892 (Jour de Noël)

de 2 heures à 5 heures 1/2.

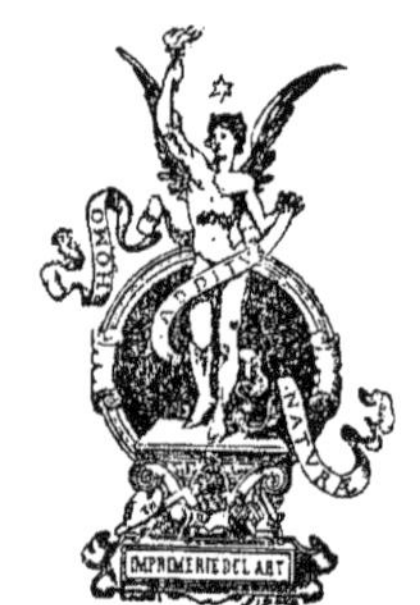
HOMO
NATURÆ
IMPRIMERIE DE L'ART

CATALOGUE

DES

BRONZES IMPORTANTS

ŒUVRES DES

MAITRES DU SIÈCLE

ÉDITIONS DE

Barbedienne, Susse, Graux-Marly

BRONZES D'AMEUBLEMENT

OBJETS D'ART ET DE CURIOSITÉ

Sculptures, Armes, Broderies, Tapisseries, Miniatures

TABLEAUX MODERNES

ESTAMPES, GRAVURES, LIVRES

Meubles et Objets décoratifs

DONT LA VENTE APRÈS DÉCÈS AURA LIEU

HOTEL DROUOT, SALLE N° 1

Les Lundi 26, Mardi 27 et Mercredi 28 Décembre 1892

A DEUX HEURES 1/4

Par le Ministère de Mᵉ MAURICE DELESTRE, commissaire-priseur

27, rue Drouot, 27

ASSISTÉ DE

Pour les livres	*Pour les estampes*	*Pour les objets d'art*
M. A. DUREL	**M. L. DUMONT**	**M. A. BLOCHE**
Libraire-expert	Expert-marchand d'estampes	Expert près la Cour d'Appel
21, rue de l'Ancienne-Comédie	27, rue Laffitte	25, rue de Châteaudun

Chez lesquels se distribue le présent catalogue.

EXPOSITION PUBLIQUE

Le Dimanche 25 Décembre 1892 (Jour de Noël)

de 2 heures à 6 heures

CONDITIONS DE LA VENTE

La vente sera faite au comptant.

Les adjudicataires paieront *cinq pour cent* en sus des enchères, applicables aux frais de la vente.

L'Exposition mettant le public à même de se rendre compte de l'état des objets, il ne sera admis aucune réclamation une fois l'adjudication prononcée.

Paris. — Imprimerie de l'Art. E. Ménard et Cie, 41, rue de la Victoire.

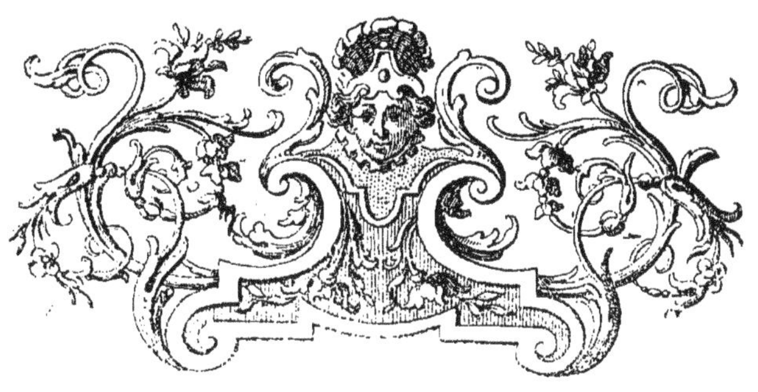

DÉSIGNATION DES OBJETS

BRONZES, OBJETS D'ART

1 — Grand vase en bronze, époque Louis XIV, modèle de Versailles, anses à deux figures d'amours. — Haut., 69 cent.; larg., 50 cent. — Sur socle en marbre blanc. — Haut., 1 m. 18 cent.; larg., 45 cent.

2 — Grand vase en bronze à sujet de chasse, en bas-relief, modèle exécuté par la maison Graux-Marly. — Haut., 1 m. 5 cent.; larg., 58 cent. — Sur socle en marbre de couleur. — Haut., 80 cent.; larg., 37 cent.

3 — Brasero florentin à jour et en cuivre repoussé. — Haut., 78 cent.; larg., 45 cent.

4 — Buire ancienne en cuivre repoussé. — Haut., 45 cent.

5 — Bas-relief en bronze : le Loup, la Mère et l'Enfant, épreuve originale par Mercié. Il n'a pas été tiré d'autre épreuve de cette dimension. Cadre en peluche. — Haut., 1 m. 27 cent.; larg., 95 cent.

6 — Le Gourmand. Bronze sur socle en peluche. — Haut., 75 cent.

7 — Le Faune danseur, par Lequesne. Statuette en bronze. — Haut., 1 m. 5 cent.

8 — Bronze de Naples : le Pêcheur. — Haut., 55 cent. Sur socle en peluche.

9 — Vase, forme Médicis, en bronze, patine claire, anses à têtes de chimères. — Haut., 1 m. 15 cent.

10 — Méditation, par Paul Dubois, réduction au 3/5. Bronze, première épreuve moulée sur la réduction en plâtre, ciselure fine, de Barbedienne. — Haut., 95 cent. Sur socle en peluche rouge.

11 — Courage militaire, groupe en bronze, par Paul Dubois. Édition de Barbedienne. — Haut., 1 m. 2 cent. Sur socle en peluche rouge.

12 — Picador à cheval, par J. Mène, édition de Barbedienne. Bronze frotté d'or. — Haut., 98 cent.

13 — Fauconnier à cheval, statue équestre, par J. Mène. — Haut., 78 cent.

14 — Esclave indien, par Toussaint, statue en bronze de Barbedienne, formant torchère, disposée pour le gaz. — Haut., 1 m. 28 cent.

15 — Chimère en noyer sculpté, servant de support à l'Esclave indien. — Haut., 1 m. 30 cent.

16 — Émail de Limoges : le Jugement de Pâris, par Serre, venant de chez Barbedienne. Sur fond de velours grenat. — Haut., 32 cent.; larg., 32 cent.

17 — La Défense du drapeau, beau groupe en bronze par Croisy, grande épreuve. Édition de Susse. — Haut., 1 m. 5 cent. — Socle en bois, drapé de velours de lin. — Haut., 1 m. 5 cent. Hauteur totale, 2 m. 10 cent.

17 *bis* — Marin. Statuette en bronze, faisant partie du groupe précédent. — Haut., 68 cent.

17 *ter* — Mobile. Statuette en bronze faisant partie du groupe précédent. Édition de Susse. — Haut., 84 cent.

18 — Belle suspension, style Renaissance, en bronze doré de chez Barbedienne ; abat-jour et contre-poids en métal, lampe au pétrole et quinze lumières bougies.

19 — Deux candélabres, style Renaissance, à tige carrée, bouquets chimères à huit lumières en bronze doré et platiné, de chez Barbedienne. — Haut., 1 mètre.

20-21 — Paire de flambeaux chinois en bronze. — Haut., 20 cent.

22 — Brûle-parfums en bronze. — Haut., 20 cent.

23-24 — Deux candélabres en bronze doré : Amour portant des bouquets à quatre lumières. — Haut., 60 cent.

25 — Brûle-parfums en bronze, couvercle à jour et en bois noir sur socle. — Haut., 56 cent.

26 — Vase en bronze, décor à arabesques. — Haut., 30 cent.

27 — Cadran solaire en bronze ancien. — Haut., 64 cent.

28 — Gong ancien en bronze. — Diam., 50 cent.

29 — Œuf chinois avec coq et poule, bronze formant brûle-parfums. — Haut., 45 cent.

30-31 — Deux figurines de Chinois en bronze. — Haut., 25 cent.

32 — Lion en bronze, de Barye. Belle épreuve, patine verte. — Haut., 30 cent.

33-34 — Deux déesses chinoises, tenant des fleurs à la main, bronzes. — Haut., 30 cent.

35 — Dieu chinois sur un cerf, bronze. — Haut., 20 cent.

36-37 — Deux jongleurs chinois sur des animaux fantastiques, bronze. — Haut., 30 cent. Socle en bois dur.

38 — Cavalier chinois en bronze. — Haut., 30 cent.

39 — Poule en bronze. — Haut., 28 cent.

40-41 — Deux beaux tableaux brodés au cordonnet, représentant des scènes de guerre mauresques, figures peintes. Cadre en bois noir. — Haut., 60 cent.; larg., 84 cent.

42 — Très belle broderie, époque Louis XIII, fond de perles or et blanches, formant des arabesques de fleurs. Cadre en bois noir. — Haut., 92 cent. sur 2 m. 25 cent. de longueur.

43 — Très beau tableau de fleurs brodées sur fond perles de jais, représentant au milieu : la Vierge, remettant un scapulaire à sainte Thérèse. Cadre en bois noir. — Haut., 1 m. 22 cent.; larg., 2 m. 30 cent. Ce tableau provient d'une église de Bretagne.

44 — Tableau en belle broderie : sujet de sainteté, fleurs, fruits et arabesques. Encadré. — Haut., 1 m. 78 cent.; long., 1 m. 80 cent.

45 — Table ronde en porcelaine, genre Sèvres, décor à médaillon : Enlèvement d'Europe, et autres sujets mythologiques. — Haut., 76 cent.

46-47 — Deux vases, genre Sèvres, décor analogue. — Haut., 1 m. 3 cent.

48 — Torchère, genre Sèvres, à neuf lumières. — Haut., 2 m. 15 cent.

49 — Table en porcelaine de Chine, monture en bois sculpté. — Haut., 79 cent.

50 — Plat rond en grès chinois ancien, représentant un Joueur de flûte surpris par un brigand. Cadre en bois noir. — Diam., 71 cent.

51 à 54 — Quatre statuettes en Sèvres blanc, représentant les Saisons. — Haut., 37 cent.

55 — Plat rond chinois en faïence, à fleurs, oiseaux, etc. — Diam., 55 cent.

56 — Chimère en blanc de Chine. — Haut., 36 cent.

57 — Jonque chinoise en porcelaine polychrome. — Haut., 40 cent.

58 — Plat rond, à personnages, d'Alcora. Cadre en bois noir et filets dorés. — Diam., 45 cent.

59-60 — Deux potiches en Satzuma, à rehauts d'or. — Haut., 60 cent.

61 à 63 — Trois assiettes anciennes de l'Inde, à fleurs.

*

64 — Potiche en porcelaine bleue. — Haut., 60 cent.

65 — Fontaine en Moustiers avec son bassin, décor à fleurs en polychrome.

66 — Service à thé en faïence anglaise, bleu sur blanc, de sept pièces.

67-68 — Deux plaques en Delft polychrome. — Haut., 55 cent.

69 — Jardinière en vieux Nevers, décor bleu sur blanc. — Haut., 20 cent.; long., 50 cent.

70 — Plat ovale de Saxe aux armes de Louis-Philippe.

71 — Plat en Sèvres vert, médaillons à fleurs.

72 — La Jeune Mère, de Carrier-Belleuse, groupe en marbre blanc. — Haut., 56 cent.; long., 60 cent.; larg., 28 cent. — Socle en marbre de couleur. — Haut., 8 cent.

72 *bis* — Léda, terre cuite de Carrier-Belleuse.

73 — Médaillon ovale en marbre blanc : le Christ sur le chemin de la Croix ; cadre en bois noir. — Haut., 60 cent.; larg., 62 cent.

74-75 — Deux cache-pots en marbre rouge antique noir et jaune de Sienne. — Haut., 22 cent.; larg., 30 cent.

76-77 — Deux cache-pots en marbre. — Haut., 26 cent.; larg., 29 cent.

78 — Vasque en marbre blanc, sculpture ancienne. — Haut., 12 cent.; long., 1 m. 10 cent.; larg., 50 cent.

79 — Bas-relief en marbre blanc encadré de marbre noir : Scène de deuil chez les Romains. — Haut., 515 millim.; épaisseur, 11 cent.; long., 70 cent.

80-81 — Deux vases en biscuit; sujets de chasse. — Haut., 22 cent.; diam., 30 cent.

82 — Lustre hollandais en cuivre à douze lumières. — Haut., 65 cent.

83 — Lustre en bronze doré à trente-deux lumières.

84 — Brûle-parfums chinois en cloisonné ancien, fond bleu, dessin en couleur. — Haut., 50 cent.

85 — Quatre mètres d'étoffe chinoise pour paravent, dessins variés sur fond or.

86 — Cheminée en acajou avec pendule et glace encadrées. — Haut., 3 m. 50 cent.

87 — Table ronde Louis XVI garnie de bronze doré; dessus en marbre de couleur. — Haut., 79 cent.; diam., 67 cent.

88 — Pendule Empire, cadran tournant horizontalement avec trois colonnes en marbre de couleur. Socle en marbre blanc, contre-socle en bois. — Haut., 57 cent.

89 — Panier et corbeille en ivoire sculpté et à jour.

90 — Dieu chinois ancien. Bois sculpté.

91 — Sujet de pêche en bois chinois ancien. — — Haut., 80 cent.

92 — Groupe de personnages sous un palanquin porté par des hommes qui reçoivent des pierres. Bois sculpté chinois. — Haut., 25 cent.

93 — Tambour chinois et accessoires dans sa boîte. Laque ancienne.

94 — Deux panneaux noirs, sentences chinoises incrustées de nacre. — Haut., 2 m. 30 cent.; larg., 28 cent.

95 — Cage chinoise, forme jonque, en bois. — Haut., 45 cent.

96 — Panneau en noyer sculpté, provenant de la cathédrale d'Autun : le Massacre des Innocents. XVIe siècle. — Haut., 55 cent.; larg., 86 cent.

97 — Panneau ancien en bois sculpté à jour, dessin arabesques.

98 — Retable en bois sculpté rehaussé de dorure, avec cinq personnages dont quatre dans des niches. Provenant d'une église de Caen. — Haut., 1 m. 70 cent.; long., 1 m. 25 cent.; larg., 50 cent.

99 — Machine électrique avec son tabouret, sa chaîne conductrice et sa bouteille de Leyde. — Haut., 1 m. 30 cent. — Roue en verre. — Diam., 60 cent.

100 — Lunette de Cauchoix, dite vitro-cristal de Cauchoix, sur pied à chaîne de crémaillère oculaire en cristal de roche.

101-102 — Deux paravents en moucharaby de trois feuilles chacun.

103 — Glace, cadre à jour et doré. — Haut., 1 m. 38 cent.; larg., 80 cent.

104 — Pendule-vase Louis XVI, sur socle en bois.

105 — Chevalet à vis en noyer.

106 — Chevalet à vis en poirier noirci.

107 — Vierge et Enfant Jésus, groupe en bois sculpté. — Haut., 80 cent.

108 — Défense de narval. — Long., 1 m. 90 cent.

109 — Mètre étalon en métal dans sa boîte, de chez Chevallier, opticien du roi.

110 — Plat en étain ancien.

111 — Rouet ancien en bois noir.

112 — Rouet Louis XVI, dans sa boîte.

113 — Grand régulateur à sonnerie, Louis XVI, de Ferdinand Berthoud, indiquant les phases de la lune, en bois sculpté et doré.

114 — Paire de chenets en fer forgé, pelles et pincettes.

115 — Jardinière en bois noir sculpté, avec plaques en porcelaine décorée. Style Henri II.

116 — Deux groupes en Saxe : allégorie équestre et Léda.

117 — Statuette en terre cuite : Hercule. XVIIIe siècle.

118 — Deux statuettes en ivoire : Personnages du temps de Louis XIII.

119 — Deux statuettes de Vénus, en ivoire.

120 — Deux statuettes en buis : la Vierge et un apôtre. XVIIe siècle.

121 — Groupe : Vierge et Enfant, en bois sculpté. XVIIe siècle.

122 — Bonbonnière en argent, dessus en ivoire sculpté : nymphe et satyre. Louis XIV.

123 — Montre ancienne en argent, avec saint Georges gravé sur la cuvette.

124 à 127 — Quatre montres anciennes en argent et cuivre émaillé.

128 — Boussole Louis XV, avec cadran solaire, de Batterfeld.

129 — Sextant ancien en ivoire.

130 — Poire à poudre, en fer ciselé, avec portrait d'homme et aux armes des Visconti.

131 — Joli miroir à main, en buis finement sculpté, représentant au fronton un cartouche mascaron de satyre drapé, indiqué par deux figures de femmes assises sur des ornements. De chaque côté, des têtes de béliers tenant des draperies qui se perdent dans des ornements avec fruits. Dans le bas, un cartouche à tête de femme, et comme manche une colonnette surmontée d'un chapiteau à feuillages. Précieux travail attribué à la Renaissance.

132 — Pipe annamite en argent, dans son étui en bois sculpté.

133 — Couronne de vierge en argent repoussé et ciselé, dessin à feuillages et fleurs de lis.

134 — Broc en argent, avec inscriptions turques gravées.

135 — Médaillon en bronze : Vénus.

136 — Jolie miniature ovale sur ivoire, représentant la Camargo en très élégant costume de l'époque,

robe de brocart blanc à corsage décolleté et corselé en pointe, représentée presque de face et marchant une canne à la main dans une galerie à colonnades. Cadre en bronze, nœud de rubans.

137 — Miniature ovale sur ivoire : Portrait de la comtesse de Marcilly, en robe blanche décolletée, à plis Watteau, coiffure poudrée ornée de plumes et d'aigrettes. Cadre en bronze, nœud de rubans.

138 — Miniature ovale sur ivoire : Portrait de la duchesse de Newcastle. Cadre en bronze émaillé et nœud de rubans.

139 — Miniature ovale sur ivoire : la Vénus d'après le Titien.

140 — Lustre en fer forgé et cuivre rouge, à vingt-quatre lumières, modèle à feuilles de laurier, branches de chêne et fleurs diverses.

141 — Deux plaquettes chinoises martelées, en bronze.

142 — Sept pièces de monnaies anciennes en or.

143 — Pièces de monnaies anciennes et médailles en argent.

**

144 — Médailles anciennes en cuivre.

145 — Vase persan en cuivre gravé martelé, avec couvercle surmonté d'une statuette, décor personnages, animaux et ornements.

ARMES

146 — Fusil simple, système à pierre, Louis XV, garni en argent, canon ruban damasquiné d'or.

147 — Carabine Martini bleuie, à double détente.

148 — Carabine Martini, avec deux blocks.

149 — Carabine Martini.

150 — Carabine Winchester, à répétition, nickelée.

151 — Carabine dans sa boîte.

152 — Carabine. Modèle Sharps.

153 — Carabine Colt à répétition.

154 — Fusil de chasse à percussion, calibre 12, canon court.

155 — Pistolet de tir dans sa boite.

156 — Canne à pêche dans sa gaine, bois Dikorie.

TAPISSERIE

157 — Joli panneau en tapisserie de Fontainebleau de la Renaissance, représentant une scène de saturnale; composition de nombreux petits personnages dans un paysage accidenté. Bordure fond jaune, ornement avec fronton.

BRODERIE

158 — Bel habit en velours épinglé et moucheté, richement brodé d'argent et de soie à plumetis, au passé, avec glaces en relief, sertis de fils. Dessin à gerbes fleuries, branchages et épis.

TABLEAUX

ADAN

159 — Six dessins des *Fables de La Fontaine.*

CALLOT

(D'après)

160 — Trois gravures.

CHAIGNEAU

(FERDINAND)

161 — *Troupeau de moutons.*

COURBET

162 — *Paysage; effet de neige.*

COUTURE

(TH.)

163 — *L'Engagé volontaire.*

Beau tableau.

DAUBIGNY

164 — *Paysage.*

DONZETTE

165 — *La Nuit.*

VAN HIER

166 — *Marine.*

JACQUE
(CHARLES)

167 — *Tout fuit devant la Mort.*
Composition allégorique.

RIBOT
(TH.)

168 — *Tête de moine.*
Œuvre remarquable.

SAUVAGE

169 — *Vénus et l'Amour.*
Grisaille.

SAUVAGE

170 — *Le Jardin des Hespérides.*
Grisaille.

171 — *Hercule et Omphale.*
Grisaille.

VINCELET
(VICTOR)

172 — *Bouquet de pivoines.*

ÉCOLE ANCIENNE

173 — *Le Jugement de Pâris.*

ÉCOLE FRANÇAISE

174 — *Scène mythologique.*
Grisaille.

175 — Tableaux et objets omis.

LIVRES

176 — De Barante. Histoire des ducs de Bourgogne, Paris, 1854, 12 vol. in-8°, demi-rel. v.

177 — Boccace. Décaméron. Paris, 1801, 11 vol. in-8°, veau fauve, tr. dor. *Figures de Gravelot.*

178 — Camoens. Lusiades. 1776, 2 vol. in-8°. *Figures.*

179 — Comte de Caylus. Œuvres. Amsterdam, 1787, 12 vol. in-8°, veau. *Figures de Marillier.*

180 — Colardeau. Œuvres. Paris, 1787, 2 vol. in-8°, maroq. rouge. *Figures. (Rel. anc.)*

181 — Crébillon fils. Œuvres complètes. Londres, 1772, 7 vol. in-12, veau. *(Rel. anc.)*

182 — Collection antique publiée par Quantin : *Amours d'Ovide. — Héro et Léandre. — Daphnis et Chloé. — Bucoliques. — Dialogue des Courtisanes. — Leucippe.*

138 — Érasme. Éloge de la Folie. 1751, in-12, veau. *Figures d'Eisen.*

184 — *Histoire de la papesse Jeanne.* 1736, 2 vol. in-12, veau fauve, tr. dor. *Figures.*

185 — La Bruyère. Caractères. Tours, Louis Mame et fils. Gr. in-8°, mar. rouge, fil., tr. dor.

186 — La Fontaine. Contes et nouvelles en vers. Amsterdam, 1696, 2 vol. in-12, veau. *Figures de Romain de Hooghe.*

187 — La Fontaine. Œuvres. Paris, 1818, 6 vol. in-8°, veau. *Figures de Moreau le jeune.*

188 — La Fontaine. Fables. Illustrations de Gustave Doré. Paris, 1867, gr. in-4°, demi-rel.

189 — Lamennais. Œuvres. Paris, 1835-37, 12 vol. in-8°, demi-rel. chag.

190 — Clément Marot. Œuvres. La Haye, 1700, 2 vol. pet. in-12, v.

191 — Mémoires de Versorand. 1754, 2 vol. in-12, mar. vert, tr. dor.

192 — Molière. Œuvres. Paris, Lefèvre, 1824, 8 vol. in-8°, veau fauve, tr. dor.

193 — Ovide. Métamorphoses. 1563, in-8° vélin. *Figures de Virg. Solis.*

194 — Piron. Œuvres. 1777, 8 vol. in-8°, veau.

195 — Prévost. Histoire de Manon Lescaut. Paris, Jouaust, 1874, 2 vol. in-12, maroq. vert, armoiries, dent. int., tr. dor. *Eaux-fortes de Hédouin.*

196 — Rabelais. Œuvres. Paris, Dalibon, 1823, 9 vol. in-8°, demi-rel., veau.

197 — Recueil de pièces rares et facétieuses. Paris, Barraud, 4 vol. in-8°, demi-rel. maroq., n. r.

198 — Sous ce numéro les livres non décrits.

ESTAMPES

EAUX-FORTES EN ÉPREUVES D'ARTISTE

BASTIEN-LEPAGE

199 — *Les Moissonneurs.*

Très belle épreuve d'artiste.

BOILVIN

200 — *La Bibliothèque Mazarine,* d'après FORTUNY.

Très belle épreuve d'artiste avec remarque sur Japon. Signée.

BRACQUEMOND

(F.)

201 — *Le Vieux Coq.*

Très belle épreuve d'artiste. Signée.

202 — *Sarcelles.*

Très belle épreuve d'artiste.

203 — *L'Inconnu.*

Très belle épreuve d'artiste.

204 — *Labor,* d'après J. F. MILLET.

Très belle épreuve d'artiste sur Japon. Signée

BRUNET-DEBAISNE

205 — *Venise,* d'après Ziem.

Très belle épreuve d'artiste sur parchemin. Signée du peintre et du graveur.

206 — *Pastorale,* d'après Corot.

Très belle épreuve d'artiste sur Japon.

207 — *The Walley farm,* d'après Constable.

Très belle épreuve d'artiste sur parchemin. Signée.

CHAMPOLLION

208 — *Le Menuet,* d'après Jacquet.

Très belle épreuve d'artiste sur parchemin. Signée du peintre et du graveur.

209 — *Papillon,* d'après Fortuny.

Très belle épreuve d'artiste.

CHAUVEL

210 — *Le Batelier,* d'après Corot.

Très belle épreuve d'artiste sur parchemin. Signée.

211 — *L'Étang,* d'après Corot.

Très belle épreuve d'artiste sur parchemin. Signée.

CHAUVEL

212 — *Le Nid de l'aigle,* d'après Th. Rousseau.

Très belle épreuve d'artiste sur parchemin. Signée.

213 — *L'Orage,* d'après Diaz.

Très belle épreuve d'artiste sur parchemin. Signée.

COURTRY

(CH.)

214 — *Milton dictant le Paradis perdu à ses filles,* d'après Munkacsy.

Très belle épreuve d'artiste avec remarque sur Japon. Signée du peintre et du graveur.

215 — *La Visite au bébé,* d'après Munkacsy.

Très belle épreuve d'artiste avec remarque sur Japon. Signée du peintre et du graveur.

216 — *Le Bon Pasteur,* d'après Zamacoïs.

Très belle épreuve d'artiste.

DAMMAN

217 — *Les Glaneuses,* d'après Millet.

Très belle épreuve d'artiste sur parchemin. Signée.

218 — *Arabe en prière,* d'après Fortuny.

Très belle épreuve d'artiste sur parchemin. Signée.

DAUBIGNY

219 — *Le Buisson,* d'après Ruisdael.

Très belle épreuve d'artiste, avant quelques travaux dans les fonds.

220 — *L'Arbre aux corbeaux.*

Très belle épreuve d'artiste sur parchemin.

DAUTREY

221 — *Troupeau de vaches,* d'après Vuillefroy.

Très belle épreuve d'artiste avec remarque sur parchemin. Signée du peintre et du graveur.

DELAUNEY

222 — *Cathédrale de Rouen.*

Très belle épreuve d'artiste sur Japon. Signée.

223 — *Cathédrale de Coutances.*

Très belle épreuve d'artiste avec remarque sur Japon. Signée.

FARRER

(C.)

224 — *La Fin du jour,* d'après Scott Temple.

Très belle épreuve d'artiste avec remarque sur parchemin. Signée.

FLAMENG

(L.)

225 — *Jésus guérissant les malades,* d'après Rembrandt. (Pièce aux cent florins.)

Très belle épreuve d'artiste.

226 — *La Ronde de nuit,* d'après Rembrandt.

Très belle épreuve d'artiste sur Chine. Signée.

227 — *Manon Lescaut.* Suite complète de dix pièces et un portrait.

Très belles épreuves sur Japon.

FORNET

228 — *La Baratteuse,* d'après Millet.

Très belle épreuve d'artiste avec remarque sur parchemin. Signée.

FRAGONARD

(D'après)

229 — *Le Calendrier des vieillards,* par Denbrun. (Vignette pour les *Contes de La Fontaine.*)

Très belle épreuve.

GAILLARD

230 — *Dom Guéranger.*

Très belle spreuve du 10e état, avec retouches au crayon par l'artiste. Signée.

GAUJEAN

231 — *Marché d'esclaves,* d'après Giraud.

Très belle épreuve d'artiste avec remarque sur Japon.

GREUX

232 — *Le Semeur,* d'après Millet.

Très belle épreuve d'artiste avec remarque sur parchemin. Signée.

HÉDOUIN

233 — *Portrait de femme,* d'après Chaplin.

Très belle épreuve d'artiste sur Chine.

HERKOMER

234 — *La Grand'mère.*

Très belle épreuve d'artiste sur parchemin. Signée.

HUOT

235 — *La Cigale,* d'après Lefebvre.

Très belle épreuve d'artiste.

JACQUE

(CH.)

236 — *La Bergerie.*

Très belle épreuve d'artiste. Signée.

237 — *Le Retour à la ferme (l'Orage).*

Très belle épreuve d'artiste avec une annotation. Signée.

JACQUET

238 — *Le Printemps,* d'après Millet.

Très belle épreuve d'artiste avec remarque sur Japon. Signée.

KOEPPING

239 — *Frou-frou,* d'après Clairin.

Très belle épreuve d'artiste sur parchemin. Signée du peintre et du graveur.

LAGUILLERMIE

240 — *Les Deux Familles,* d'après Munkacsy.

Très belle épreuve d'artiste avec remarque sur Japon. Signée du peintre et du graveur.

LALAUZE

241 — *Les voilà,* d'après Green.

Très belle épreuve d'artiste sur parchemin.

LANÇON

242 — *Un Combat de cerfs,* d'après Courbet.

Très belle épreuve d'artiste sur parchemin avec les deux remarques. Signée.

LECOUTEUX

243 — *Les Botteleurs,* d'après Millet.

Très belle épreuve d'artiste sur parchemin. Signée.

244 — *Dans la prairie,* d'après Julien Dupré.

Très belle épreuve d'artiste avec remarque sur parchemin. Signée du peintre et du graveur.

MARE
(DE)

245 — *Angoisses,* d'après Schenk.

Très belle épreuve d'artiste sur Japon. Signée.

MILLET

246 — *Le Départ pour le travail.*

Très belle épreuve d'artiste sur parchemin avec l'adresse de Moureaux.

247 — *Les Terrassiers.*

Très belle épreuve d'artiste sur parchemin.

MILLET
(D'après)

248 — *L'Angelus,* par Margelidon.

Très belle épreuve d'artiste avec remarque sur parchemin Signée.

MURRAY
(C.)

249 — *Promenade en mer,* d'après Hamilton.

Très belle épreuve d'artiste sur Japon. Signée du peintre et du graveur.

RAJON

250 — *Amour platonique,* d'après Zamacoïs.

Très belle épreuve d'artiste. Signée.

251 — *Rixe dans un cabaret,* d'après Wauters.

Très belle épreuve avant la lettre sur Chine.

WALTNER

252 — *Le Blue boy,* d'après Gainsborough.

Très belle épreuve d'artiste sur Japon. Signée.

253 — *Le Rabbin,* d'après Rembrandt.

Très belle épreuve d'artiste sur parchemin. Signée.

254 — *The Misses Baillie,* d'après Gainsborough.

Très belle épreuve d'artiste avec remarque sur parchemin. Signée.

255 — Sous ce numéro, il sera vendu un portefeuille et un chevalet porte-gravures.

www.ingramcontent.com/pod-product-compliance
Ingram Content Group UK Ltd.
Pitfield, Milton Keynes, MK11 3LW, UK
UKHW020513180726
13839UKWH00005B/2061

9 782329 553429